사랑의 기도

이청리 제27집

가파도 보리밭 이랑 속으로
지친 마음을 데리고 가 걷게 했다
추사 김정희 큰 스승님을 모시고
이 곁에 서 있기만 해도 획이 달라졌다
이 미천한 자가 부르는 소리를 듣고
추사 김정희 큰 스승님이 달려와
모든 말을 들어주셨다

- [소정체(素亭體)] 중에서 -

성모 마리아 당신이 아들을
끌어 안고 있는 모습이 절절했듯
이 죄 많은 여인도 아들을 끌어 안고 있을 때
천지가 흔들리는 아픔으로 떨며 우는
당신의 그 마음으로 젖어 들었지요
이 세상 모든 것을 창조하시면서
가장 먼저 고귀한 숨결을 부어주었던
하나님 사랑으로 다가서게 하는 것을
처음으로 깨달았지요

- [사랑의 기도] 중에서 -

억새꽃 물결 속 휘몰아치는 바람 속을 뚫고
오름의 정상에 올라 발 딛는 아래 쪽은
원통형 분화구의 그날이 우리 가족을 받아주었다
불운했던 넌 망자로 누운 친아버지 앞에서
외로움 속에 몸을 동그랗게 말고 들어가
이름 모를 속으로 빨려 들어가고 있었다
생모는 일찍 일본으로 떠나 그리움으로 덧나버린
까까머리 중학생이었던 넌
세상을 바라보는 눈을 뽑아버린 듯한 그 속에
나는 태양을 심어 함께 보고자 했다

- [산굼부리 가족 여행] 중에서 -

아! 세상에서 못다 준 마음이
사랑이라 했습니까 아픔 뒤에 있는
그 세계는 안개 속인데 웃으라고만 했습니까
널 사랑한다는 주님의
이 한 마디 이토록 눈물에 불이 붙어
타오른 영혼 속을 천국이라 했습니까

- [널 사랑한다는 주님의 고백] 중에서 -

설산의 흰 눈과 같이 굳어져버린
내 심령에 얹어 놓을 때
아! 내 믿음에 속도감을 붙게 했다
이 십자가 붓에 나를 얹어 놓으면
눈물의 절벽도 시편 23편이다
여호와는 나의 목사이시니
내게 부족함이 없도다
그가 나를 푸른 초장에 누이시며
쉴 만한 물가로 인도 하시는도다
영원히 내가 부를 노래였다

- [십자가의 붓] 중에서 -

이조 비단 보자기로 고이 싸 둔
제주섬을 풀어 한 자락씩 여밀 땐
김만덕 무늬만큼 선명한 무늬가
어디 있을까 싶다 그 어진 마음씨
들꽃과 까만 돌 속까지 스며들어
이곳에 낳고 자란 이들의 핏줄
마디 마디 배여 모두를 삼촌으로
부를 땐 눈물 와랑와랑하게 하고

- [김만덕 마음씨] 중에서 -

천국의 연주가 시작되는 곳이
고난의 깊이라 했나요
이 고난 있는 곳에서
내 생은 잠잠한 날이 없었습니다
아들과 이별의 굽이는 물살은
심한 격랑을 지나 천국의 더 고운 가락을
나로 하여금 듣기 위한 것이었습니까
고난의 건반을 두들기는 순간마다
내 애간장을 타게만 했습니까

- [천국의 연주] 중에서 -

항구의 아침은 겉보기와 달리 수심이 깊다
얼마만큼 잡아 올려야 세상의 벽을 넘을까
만선의 기쁨이 물살에 번지기도 전에 겹쳐오는
바닷가 사람들의 애처로움들 또 몇 만 굽이였던가
그 아픔이 깃발처럼 나부끼는 항구에서
갈매기 울음이 그렇게 발길에 밟혀왔던가

- [초짜배기 믿음의 어부] 중에서 -

우리의 연애 8년 몇 개월도 짧기만 했다
오직 하나 뿐 내 사랑 속에 부풀어 있을 때
내 어머니는 주님에게 99.9%순금의 각도로
기우려져 사셨다 그리고 주님의 손을 굳게 손잡고
내 안에 깊은 울음의 샘을 퍼 올리며
99.9% 순금의 각도로 바꿔 놓았다

- [연애 8년 몇 개월도 짧기만 했다] 중에서 -

네가 있는 곳까지 걷고 싶었다
지상의 시간을 하늘의 시간으로
바꿔 한라산이 살며시 내밀더라
백록담에 꺼내온 이 술병이
주님이 가나 혼인잔치에서 물로
빚은 성령의 술이라는 말에
화다닥 놀라 정신을 차려보니
주님의 따뜻한 품 속이더라

- [성령의 술병] -

차 례

제1부

1. 사랑의 기도 / 19
2. 사랑하는 내 아들 / 20
3. 내 품 속에 / 21
4. 통곡의 벽 / 22
5. 화살나무 단풍 / 23
6. 사랑의 저울 / 24
7. 꿈도 사람을 알아 보는 걸까 / 25
8. 늘 네가 있는 것처럼 / 26
9. 울컥이는 그리움 / 27
10. 주님을 기억하라 / 28

제2부

11. 가슴 열어 노래 할란다 / 31
12. 밥 공기 그릇 / 32
13. 이별離別 / 33
14. 살신성인殺身成仁 / 34
15. 울고 있는 달 / 35
16. 하늘이 높기로니 / 36

17. 초월의 새 / 37
18. 향기로다 / 38
19. 천하 명필 / 39
20. 가시 면류관 / 40

제3부

21. 울돌목 / 43
22. 십자가의 붓 / 44
23. 내 눈물을 태우면 / 45
24. 민들레 홀씨 / 46
25. 개벽 / 47
26. 당신의 필법 / 48
27. 영화 / 49
28. 목련 와인 / 50
29. 나는 믿음의 여인 / 51
30. 영광 / 52

제4부

31. 이슬 / 55
32. 보이지 않는 눈물 / 56
33. 겨자씨 / 57
34. 검은 돌들 / 58

35. 성령의 술병 / 59
36. 연애 8년 몇 개월도 짧기만 했다 / 60
37. 산굼부리 가족 여행 / 61
38. 우리 친정 가족 계보 / 62
39. 김만덕의 어진 마음씨 / 63
40. 내 사모하는 주님 / 64

제5부

41. 영생의 부활을 믿노라 / 67
42. 행복 / 68
43. 나무들의 기도 / 69
44. 성화 / 70
45. 나도 귤처럼 살고 싶다 / 71
46. 아픔을 가져 가고자 하네 / 72
47. 천국의 연주 / 73
48. 눈물 / 74
49. 나만 울게 하더라 / 75
50. 어머니 아버지 같은 장갑 / 76

제6부

51. 초짜배기 믿음의 어부 / 79
52. 사랑이 시키는 일 / 80

53. 축복의 깃발 / 81
54. 말씀 속으로 뛰어 들어 / 82
55. 감사하기 위해서이다 / 83
56. 골목길 / 84
57. 너의 출생 비밀 / 85
58. 야구인생 / 86
59. 믿음의 울보 혁명가 / 87
60. 깊은 뜻을 암송해 본다 / 88

제7부

61. 주님의 긴 목 / 91
62. 주님의 뜻이 내 뜻이라면 / 92
63. 내 아픔인 듯 / 93
64. 이 사랑 너무 크셔라 / 94
65. 어미와 무엇이 다를까 / 95
66. 나의 하늘 / 96
67. 소정체素亭體 / 97
68. 하늘의 절반이 봄비인데 / 98
69. 기도의 가속도 / 99
70. 널 사랑한다는 주님의 고백 / 100

후기 / 101

제 1 부

사랑의 기도
- 사랑의 기도 · 1

성모 마리아 당신이 아들을
끌어 안고 있는 모습이 절절했듯
이 죄 많은 여인도 아들을 끌어 안고 있을 때
천지가 흔들리는 아픔으로 떨며 우는
당신의 그 마음으로 젖어 들었지요
이 세상 모든 것을 창조하시면서
가장 먼저 고귀한 숨결을 부어주었던
하나님 사랑으로 다가서게 하는 것을
처음으로 깨달았지요
눈물이 바다이고 하늘의 별인 것을
당신이 알았듯 이 여인도 알았지요
어디에 서 있어도 바다로 출렁이고
눈 들면 눈물의 별로 반짝이는 이 여인
아픔 속에서 거듭나게 했지요
성모 마리아 당신이 울면서 영원히 웃는 얼굴을
이 여인도 하루 하루 배워가지요

사랑하는 내 아들
— 사랑의 기도·2

사랑하는 내 아들을 먼저 보낸 이 마음이
십자가에 못 박힌 그 아픔이 아니었을까
주님은 부활로 나에게로 왔으나
가슴으로 낳았던 내 아들은
천국 문에서 나와 흰구름으로 머물다가
이 어미가 사는 저 한라산에 지나쳐 갔을까
부르면 대답할 것 같은 하늘이건만
아들의 목소리는 산새소리처럼 멀기만 하다
눈 감으면 아들의 얼굴이 온 우주에 가득 차 있다
이 우주 속에 손 내밀어 아들의 손을 잡고자 해도
잡을 길 없어 울음의 새마포로 나를 휘감는다
내 생애의 붓끝에서 단단함과 굳어짐을 뽑아내어
연하디 연한 이 눈물의 붓끝으로
기도의 한 줄을 긋게만 하시는 나의 주님
내 곁을 있을 때가 가장 좋으시다 하시네

내 품 속에
- 사랑의 기도 · 3

아들이 없었던 내 품 속에
네가 아들의 첫 주춧돌을 놓아 주던 날
내 안에 환희의 물길을 터서 우물로 차올라
너라는 생명의 물방울은 천하 제일 가는
무지개 빛이었노라 퍼내도 마르지 않는
내 사랑의 무지개 빛은 끝이 없었노라
아! 한 순간 먹구름으로 덮어버렸던 날
해 아래 모든 것이 헛되고 헛되니 또
헛되도다 전도서의 울림으로 펼쳐 놓게 하고
그 위에 일필휘지케 하시는 나의 주님
인고의 먹물 한 점 한 점 찍어 쓰게 했노라
이 세상 모든 것을 주님의 말씀으로 풀어
인고의 먹물 한 점 한 점 찍어 쓰게 했노라

통곡의 벽
- 사랑의 기도 · 4

짧은 명을 다 한 아들아
이 슬픔의 돌덩어리들
높이 쌓아 올려 한 걸음도 나설 수 없으니
통곡의 벽이 먼 이스라엘에 있는 것이 아닌
이 어미 가슴 속에 있었구나
너를 향한 그리움의 절경을 수 놓고 있는
하늘 그곳은 또 얼마나 멀고 먼 곳인지
저녁 노을빛 사닥다리로 놓고 오를 때
저렇게 별빛들은 다가와 거들어주면서
이 어미 가슴 속에 네가 있다 하는구나
안개꽃으로 피어나는 이 어미 목울대는
끝없는 높은 음자리표로 굽이치고 있구나
널 향한 그리움이 이 어미 가슴을
칼금을 그어도 정녕 아프기보다는
너를 향한 사랑만 더 불어나 한라산이구나
별빛들이 전해주지 않든 못다 한 사랑을
네가 받고서야 아니 있었으랴

화살나무 단풍
- 사랑의 기도 · 5

너와 함께 한 자리마다
이 붉은 화살나무 단풍들
가을이 찾아 편지를 꽂아두었을 텐데
넌 하늘의 뿌리를 찾아 떠났고
이 어미는 문 바깥에 나와 가을과 앉아 있다
얼마만큼 버리면 세상이 가벼워 질까
그리움의 무게만큼 더 무거운 것이 어디 있으랴
문을 열고 나서면 모두 너로 보인다
가을햇살이 너의 눈빛 같아 바라보면
더 붉게 타오르는 이 붉은 화살나무 단풍들
한 아름 너에게 보내면 네가 받을런지
이 어미의 가슴이 뛰고만 있어 그리움으로
벌써 등이 휘어지는구나

사랑의 저울
- 사랑의 기도 · 6

두 딸을 낳아 키운 사랑의 저울로
배 아파 낳은 아들이 아닌
눈물로 키우는 이 아들이 행복의 저울 눈금을
높여주고 있을 때 꿈의 화폭은 천국으로 채워졌다
주님이 아들을 데리고 간 뒤
죽음의 저울로 생의 무게를 달게 하실 때
십자가의 그 무게를 측량 할 길조차 없었다
매일 매일 가슴이 찢겨져 가고 있을 때
십자가 무게를 덜어주면서
주님의 품 속에 있는 사랑을 보여주었다
거기 있는 아들의 환한 얼굴이 빛으로 내려와
나를 에워쌌다
이 세상 모든 아들들이 어머니 아들이라는 것을
어미 손바닥에 새겨 주었다

꿈도 사람을 알아 보는 걸까
- 사랑의 기도 · 7

꿈도 사람을 알아 보는 걸까
그토록 애가 닳도록 열망할 땐
얼굴도 비치지 않고 있다가
이것 저것 내려놓고 살아갈 때
찾아와 운명을 불러내어 속삭인다
비틀거나 꼬이게 하는 것이 아닌
열망했던 것을 하나 둘씩 꺼내어 놓고 있다
젊은 날엔 뜨거움으로 살았으나
이젠 기도 속에 믿음을 띄어 놓고 산다
운명을 뒤덮고 있는 것을 걷어냈을 뿐이다
더는 깨어져도 부서져도 울거나
지치는 것이 아닌 이것이 믿음이니
꿈도 사람을 알아 보는 걸까
하지만 이젠 꿈이 먼저가 아닌
주님을 앞세워 살아가니 꿈이
내 가는 길에 찰싹 붙어 걷고 있다

늘 네가 있는 것처럼
- 사랑의 기도 · 8

늘 네가 있는 것처럼
자꾸만 마음이 너에게로 가 있다
무엇보다 네가 이 세상에 와서
보낸 날들은 무엇이었을까
넌 대답이 없고 주님께는
엄마가 듣고 싶은 대답을 해줄 것 같다
네가 벗어 놓은 신발들이 문 바깥 쪽으로
향하고 책상에 놓여진 책이며 노트가 널
기다리면서 침묵을 지키고 있다
무엇보다 네가 뒹굴고 누었던 침대는
네가 돌아오지 않는 날부터
더 쓸쓸한 표정을 차마 볼 수 없다
의자이며 지우개며 연필들 하나 하나
네가 있었다면 다독거려주었을 텐데
엄마는 무엇으로 이들을 다독거려 하나
두 누나들도 이들을 달래다 눈물 속으로
달려 가고 있다

울컥이는 그리움
- 사랑의 기도 · 9

울컥이는 그리움이
여러 방향으로 튕겨 나갔다
거친 비바람도 거친 바다도
나를 가로 막지 못했다
그 끝에 다다르면 텅 비워 있었다
네가 없는 자리가 큰 허공인 줄 몰랐다
속은 늘 끓고 있는 내게 영원히
걸려 있을 이 무쇠 가마솥 앞에서
나를 녹여 무슨 소리라도 내고 싶었다
더 큰 소리로 부르면 들을까 싶어서이다
울컥임들을 내려 놓을 수 없었던 건
울면서 소리 낼 수 없는 어미 가슴이었나 보다
얼마나 튕겨나가야 끝이 보일까
나보다 주님이 발을 동동거리는
소리를 듣고 엄마 쪽에서 먼저
내려 놓고 주를 따르기로 했다

주님을 기억하라
- 사랑의 기도 · 10

주님을 기억하라!
거기에서부터 감사가 시작되고
여기에 있게 한 이유를 알게 하고
앞으로 펼쳐 줄 큰 세계가 있어
그 기억에서 멀어짐은
모든 생이 흔들림 속에 사노라
되돌려 놓은 이가 없었노라
기억의 처음이 누구인가에 따라
모든 것이 달라지고
생의 끝도 달라 지노라
아들 네가 내 평생 감사였고
내 존재의 기쁨의 이유였고
주님의 큰 세계를 품게 했노라

제 2부

가슴 열어 노래 할란다
- 사랑의 기도 · 11

山은 각이 진 것들을 펴서 구불구불하게 한다
반듯한 것을 일부러 비틀어 놓는다
바람이며 빗방울이며 나무까지 한 쪽으로
기울거나 휘어 놓는다
반듯한 것은 속에 두었다
변하지 않는 것을 품고 있어 겉은 울퉁불퉁
저리 휘고 이리 휘고 물안개까지
허리가 휘어 있다 풍경치고 최고다
소리까지 휘어서 들려주니 평화로 젖어 든다
주님은 山에게 굽어지고 비틀어진 속에
이런 비밀을 숨겨둔 걸까 이제까지
난 고난의 각을 세워 살아왔으나
山에게 맡기고 가슴 열어 노래 할란다

밥 공기 그릇
- 사랑의 기도 · 12

아침 식탁 나란히 마주 하는 남편과 나는
밥 두 공기를 담아야 하는데 한 공기를 더 담는다
남편은 왜 더 담지 바라보다가
아들의 밥 공기인 걸을 알고 창문에 눈길을 보낸다
구름이 앉았다 떠난 한라산이 더 심하게 흔들린다
남편도 나도 소리 없이 눈물이 가득 고여
움직이지 않는 것 같은 한라산이 흔들리는 것을 본다
우리 부부에게로 와 한 몸이 되어버린 아들
그 아들이 훌쩍 한라산을 넘는 뒤
아들에게 밥공기에 밥을 담았던 것처럼 담고 있다
아! 언제쯤 멈출지 모르겠다

이별離別
- 사랑의 기도 · 13

댓잎이 달빛을 빗질하는 소리에
내 손으로 잡고 있는 붓이 그 소리를 따라
삶이란 화선지로 펼쳐 놓고
풀어도 풀지 못한 것이 생이었고
사랑의 그리움은 더 풀지 못한 것 중에
하나인 것을 붓끝이 부르르 떨고 있다
이별離別의 획 하나 완성시키는 일이
일생을 다해도 다 이루지 못함에
내가 달빛을 빗질하는 댓잎처럼 울고 있다
가슴에 묻고 살아야 하는 이별離別은
나보다 더 깊이 우는 것이 댓잎인가 달빛인가

살신성인殺身成仁
- 사랑의 기도 · 14

아들을 순풍순풍 낳아주고 싶었으나
타고 난 내 팔자엔 딸 둘 뿐이었노라
열 아들 부럽지 않았노라
금쪽 같이 키우며 행복했노라
예언서를 해독할 수 없었던 우리 부부에게로
운명처럼 온 아들이 모든 것을 풀어주었노라
행복이 위로 솟구칠 때
겸손의 하강곡선을 그리게 한다는 것을
그 예언서 속에 새겨져 있었다는 것을 몰랐노라
잠시 동행했던 그리운 한 시절
이젠 이 가슴에 비문으로 남아
엄마의 붓끝으로 살신성인殺身成仁의
글자를 새기게 하노라
새기는 이 글자들이 하늘의 사랑이었노라
노래하게 하는 아들의 그 마음을 알겠노라

울고 있는 달
- 사랑의 기도 · 15

저 달도 잠 못 이룬 이의 창가에 다가 앉아
바다보다 더 많은 울음 담고 있는 것을 아는 걸까
썰물과 밀물을 끌어 당기는 힘은 있어도
사람들의 울음을 끌어 당기는 힘을 지니고 있지 않아
저렇게 혼자 나뭇가지에 걸려 나부꼈다가
지붕에 내려 앉아 한 세상 와 시름겨운 생의
그림자를 하늘로 옮겨다 쌓아도 쌓을 곳 없어
달포 지날 쯤이면 제 몸이 야윈 것을 한 한다
이별 중에서 자식을 먼저 보낸 이들의
가슴에 패인 그곳을 차마 볼 수 없어 우는 달을
흰구름이 위로 하고자 저렇게 가려주나 보다

하늘이 높기로니
- 사랑의 기도 · 16

하늘이 높기로니 꿈길로 못 오를 곳 아니더라
오르고 올라 허공도 길이 되어 열리더라
한 번 들어선 하늘 문을 열어서 보낸 이가 없다는데
주님은 여시고 내려 오지 않으셨는가요
주님은 구름으로 오르내리셨으나
이 가슴 찢어서 낸 이 길을 밟으셨다면
한 번쯤 하늘 문 열어 얼굴을 뵙게도 할 법한데
좋기로는 지상보다 너무 좋아 천 년이 하루 같다 하니
거기 취해 있으면 하루가 천 년 같은 이곳에서
낼 수 없는 허공에 길을 낸다 한들 내다보랴
이 다음 이 길을 따라 걸을 때 아니 달려오랴

초월의 새
- 사랑의 기도 · 17

화선지에 붓을 휘둘러대며 그리움을 덜어내도
먹물이 새벽인 듯 붉은 해 툭 내던져 놓음이 아닌가
이 붉은 해를 어이 할 수 없음을 알고서야
덜어냄을 그만두고자 해도 붓은 휘둘러댐이 빨라지니
어이 하나 어이 하나
생사를 갈라 놓을 것 같은 기세로 후려치니
어이 하나 어이 하나
마음 한 자락 비워 붓끝에 매달아두니
그리움이 봄눈 녹듯 붓끝을 적셔
긋는 획 끝에 생을 넘는 초월의 새로다

향기로다
- 사랑의 기도 · 18

내 속에 있는 슬픔이 매화로 피기 시작하면서
이 슬픔이 맑은 향기로 날려
생로병사의 티끌에 물들이지 않고
더 높은 곳에 마음 두니 향기로다
이전부터 있어 온 이 슬픔은 씨앗일 뿐
매화로 피면서 맑은 향기로 휘감으니
향기로다 주의 은혜 속에 가지 뻗어
향기로다 그 곳까지 꽃등불 켜 두니
향기로다 향기로다

천하 명필
- 사랑의 기도 · 19

붓으로 천하에 있는 글자를 쓰지 못하랴
천하가 내 것인 양 품에 안았거늘
아들을 앞세워 보낸 뒤
물 속에 가라앉은 나무되어 앓아 누워 있을 때
지난 날을 회상하며 성모 마리아가 다가와
부활復活의 부력으로 밀어 올리는 것이 아닌가
사람들의 눈에만 안 보일 뿐
내 영의 눈이 열리면서 지켜보고 있네
지상에 있는 글자와 다른 하늘의 글자를
내 눈 속에 담기만 해도 천하 명필이라 하네
글자마다 금빛이니 춤을 추지 않는 것이 없네

가시 면류관
- 사랑의 기도 · 20

가시 백 만개를 몸에 찌른다 한들
이보다 더 쓰리고 저릴까
사랑하는 마음은 그 백 만개
가시 끝도 기쁨으로 다가오네
이 가시관 면류관 쓰고
주님만이 못 박힌 줄 알았더니
여기 이름없는 한 여인도 있었네
주님처럼 못 박혀 물을 쏟고 피를 쏟는
여기 이름없는 한 여인도 있었네
내가 쏟는 물과 피를 주님이 모두 받아
먹물로 쓰게 하네
먹을 갈아 마음을 가다듬었던 이전의
나는 가고 이젠 영생을 가다듬게 하네

제 3부

울돌목
- 사랑의 기도 · 21

목포 바닷가에 있는
물과 물이 만나 합쳐져
포효의 절정의 울음 소리를 내며
잠 들지 않는 울돌목이
내 안에도 소리쳤네
주님은 그 보다 몇 억 곱절의
포효의 절정 울음을 울고
계셨다는 것을 처음으로 들었네
우리가 열망 했던 것들이
부딪쳐 깨어져 물 아래
다 가라앉게 하신 뒤
잔잔해지는 화평을 열어 주는
내 영혼의 울돌목을 새로 빚어주셨네

십자가의 붓
- 사랑의 기도 · 22

눈물의 절벽을 타고 내릴 때
끝이 보이지 않았다
부서짐의 전율만 남았을 뿐이다
이 조각들 사방으로 흩어져 갔는데
당신은 이 조각들을 맞춰주셨다
그리고 내 속을 관통을 했다
아무것도 남아 있지 않을 것 같은 내게
십자가 붓 한 자루 내밀었다
낯설고도 생소한 붓
설산의 흰 눈과 같이 굳어져버린
내 심령에 얹어 놓을 때
아! 내 믿음에 속도감을 붙게 했다
이 십자가 붓에 나를 얹어 놓으면
눈물의 절벽도 시편 23편이다
여호와는 나의 목사이시니
내게 부족함이 없도다
그가 나를 푸른 초장에 누이시며
쉴 만한 물가로 인도 하시는도다
영원히 내가 부를 노래였다

내 눈물을 태우면
- 사랑의 기도 · 23

겨울나무는 제 몸에 달고 있는
잎새들을 바람에 다 날려 보낸 뒤
뿌리와 일치하는 빈 가지일 때
그 가지의 끝으로 획을 긋는 순간
천지를 쩡하게 갈라 놓는다
이제까지 먹을 갈아 써 오던 먹물을
모으면 항아리로 몇 백배 항아리 되겠지만
천지는 고사하고 사람 마음 하나
쩡하게 갈라 놓은 금빛 획이 없었으니
이젠 나도 빈 나무 가지 끝으로
쩡하게 갈라 놓은 성령의 붓이 내게 있어
두려움 없어라 내 눈물을 태우면
하늘은 우주에서 제일 큰 전시장이 아닌가
내 아픈 것을 다 걸어 놓으니 말이다

민들레 홀씨
- 사랑의 기도 · 24

수 만 리 허공을 건너서
가려는 이유가 뭔가
윗대부터 물려 받은 바람의
길을 따라 가는 몸이지요
저 멀고 먼 별에도 가겠네
어디라도 못 갈 곳이 있나요
가장 가까이 있으면서도
가지 못한 곳이 있다면
사람들의 마음 속이지요
홀씨인 우리가 뿌리라도 내린다면
천국을 전해 줄 텐데
언제쯤 도착할지 기약이 없지요
사랑을 잃음은 전부를 잃은
이내 마음 메마른 대지 위에
꽃을 피워 달라 하니
주님이 주신 그 말씀을 들고 와
꽃을 피워 주네

개벽
- 사랑의 기도 · 25

세상의 개벽을 열고자 하지 않았던가
언제든 붓을 들면
이 아름다운 병인 이별은
끝없이 품어줘도
살아서 하늘로 비상하지 않았다
아! 진물러진 눈을 뜨고도
아무 것도 볼 수 없는 없음이요
손 또한 암초처럼 움직일 수 없으니
마른 뼈들로 뒹굴고 있는 이 글자들을
생기를 불어 넣어주신 당신
더 큰 새 세상의 개벽을 하늘 언어로
꿈틀거리게 하는 비밀을 내게 허락했네

당신의 필법
- 사랑의 기도 · 26

필력으로 길을 여기까지 이끌고 온
화선지 속에 내 능력을 부풀려
숨겨두고 살짝 빠져 나와 겸양의 미소
띄워 놓기를 좋아했고
정녕 박수 갈채를 원하지 않았다면
그것은 속임의 표절이리라
세상에 놓치고 살아온 내 비루한 믿음
알뜰살뜰 모셔도 목숨 닳아짐의 후회라는데
이 독한 후회 끝에
내 필력 대신 당신의 필법을 익히려고 합니다
만왕의 왕이면서도 가장 낮은 자의 몸으로 사신
당신의 필법을 더 뼈 끝으로 익히고 익혀
겸양의 미소를 걷어들이고
속임의 표절하지 않고 살아가리라

영화
- 사랑의 기도 · 27

젊은이들은 한편의 프랑스 영화와 같다
세상에서 주고 받았던 말들을
지평선에 걸린 무지개빛 언어로 바꿔
생을 업그레이드 하는 저 아름다운 몸짓들
사랑의 마음을 열쇠로 채워 누구도
영영 풀지 못하게 하늘에 맡겨 둔다
저들의 둘 만의 시간을 하나님이 만든
창조의 시간을 곱으로 느려 산다
그들의 눈빛은 누구도 들어갈 틈조차 없다
이 세상 말들을 그들은 연금술사가 되어
영원한 행복으로 바꿔 놓는다
하늘 저만치에서
그 행복을 이 엄마 가슴 속에
한 보따리 놓고 바람의 옷깃을 스치며
엄마가 영화 속 영원한 미묘의 배우라 부른다

목련 와인
- 사랑의 기도 · 28

뼈가 녹아나는 끝에 서 있다
문 밖에 피고 있는 목련을
바라보고 있는데
목련꽃이 제 몸을 와인 잔으로 빚어
성령의 와인을 내민다
이미 나는 취해 있는 것이 아닌가
한 번 취하면 영원히 깨지 않는
이 성령의 와인
아들이 주님 당신을 통해
그 먼 하늘에서 택배를 보내온 걸까요
아니면 아들의 빈 자리를 지켜주고자
주님 당신이 대신해 달려온 걸까요
푸념을 늘어 놓으면 세상에선
술주정한다고 하지만 당신 앞에선
누구도 흉내 낼 수 없는 찬양이라 하네
목련꽃으로 받쳐든 영롱한 기도라 하네

나는 믿음의 여인
- 사랑의 기도 · 29

내가 서 있는 곳이
천국이 아니겠어요
담쟁이 덩굴로 살아가는
나는 믿음의 여인
발 딛고 서 있기조차 힘든 담벽에
꿈을 펼 때
모든 것이 아름다운 기도가 아니겠어요
마지막 잎새 위로 눈발이 쓸리는 소리
아!깊은 시련의 밤을 적셔 놓아도
이 천국과 바꿀 수 없어요
더 평온함을 준다고 해도
이 천국과 바꿀 수 없어요
담쟁이 덩굴로 살아가는
나는 믿음의 여인

영광
- 사랑의 기도 · 30

폭설에 갇힌 한라산을
꺼내어주고자 산행에 나섰는데
눈 속에서 얼마나 외쳤는지
파랗게 언 손을 덥석 잡아주자
몸을 일으킨 것을 본다
한참 동안 내 품에 안아 다독거려 줄 때
아들 너인 듯 싶어 불꽃인 마음 태워
너와 함께 하고 있는 곳이 봄물결로
한라산 전체가 활짝 핀 철쭉밭이더라
너의 젊음은 세월이 가도 그대로 남아
우뚝 선 한라산이고
내 보고픔은 이 산 아래 숨어 우는
계곡물이지만
주님이 다 듣고 계신다 하니
이보다 더 큰 영광이 어디 있으랴

■ 제 4 부 ■

이슬
- 사랑의 기도 · 31

어머니! 이른 새벽녘
문 열고 나와 보세요
풀잎 끝에 맺혀 있는 이슬인
이 아들이 그네를 타고 있을 거예요
영원히 살아 행복의 그네를 타고 있는 것을
보실 거예요
아침과 함께 사라져 간다 여기겠지만
천지 창조하시던 그날부터 지금까지
하나님의 마음을 비쳐주는 건
이슬이라는 걸 모르실 거예요
어둠이 거치지 않는 땅에서
걸어놓은 하늘의 등불 치고
너무 작아 보일 거예요
땅에 사는 사람들 마음 속
티끌 하나까지 셀 수 있지요
어머니 눈물을 하나님이
천국 가장 높은 곳에 등불로 걸어 놓아
이 아들은 행복에 겨워 그네를 타죠
새벽 풀잎 끝에 방울방울 맺혀서요

보이지 않는 눈물
- 사랑의 기도 · 32

네 몸 속에 보이지 않는 눈물이
빛나는 것을 아노라
그 눈물 향기처럼 아름다운 것은
없었노라
매일 매일 너의 눈물에 향기에 취해
그날의 십자가 아픔을 잊노라
지금 시름에 겨운 삶의 무게를
너의 눈물의 향기로 들어 올리노라
십자가에 못 박히는 그 때
내 어머니의 몸에서 수 천 개 박힌
못자국에서 흘러 넘치는 피로
죽음의 먹구름을 흩어놓았을 때
온 세상에는 부활의 눈부심만 있었노라
이 부활에 눈물의 향기로 관을
씌어 주고 사는 널 영원히 기억 하겠노라

겨자씨
- 사랑의 기도 · 33

파도가 내 몸을 두들기는
새벽 바다를 홀로 걷고 또 걸었다
아들이 내 속에 있는 말들을
함께 가지고 갔다
하늘로 가져가서 어디에 쓰려고 했을까
그리움이 커져 갈 때
내 속은 침묵만이 흐르는 사하라 사막이었다
아들은 그 많고 많은 말들을 털어내어
겨자씨를 들고 와 내 마음 깊은 곳에 심어주었다
파도는 내 안에 겨자씨가 움트는 것을
새벽빛에 드러내고 주님이 가신 발자국처럼
이 바닷가에 발자국을 남기는 것을
오래 오래 지켜보고 있었다

검은 돌들
- 사랑의 기도 • 34

온몸이 패이고 아문 곳은
한 군데도 없는 제주 바닷가 검은 돌들
아픔의 크기를 잰다 한들 잴 수 있을까
검은 돌들은 밀려오는 물살을 피하기보다
다 마셔버리는 것을 목도했다
난 이별의 물살에 바다도 더 크게 우는데
저 검은 돌들은 다 마시라 한다
죽음보다 더 쓰디 쓴 맛이다
천국은 소금빛인 것을 보여줄 때
울고 있는 내가 다 마셔버리는 것을
저 검은 돌들이 목도하고 있는 것이 아닌가

성령의 술병
- 사랑의 기도 · 35

한라산이 백록담에서 꺼내온
술병을 놓고 밤새워 천하를
논하던 너의 친구들이 오늘도
이 거리를 걷고 있구나
너의 목소리가 들리는 것 같아
걷고 걸어봐도 혼자인 것을 본다
축 쳐진 엄마 두 어깨 위에 걸어준
것은 밤안개 옷자락이었다
네가 있는 곳까지 걷고 싶었다
지상의 시간을 하늘의 시간으로
바꿔 한라산이 살며시 내밀더라
백록담에 꺼내온 이 술병이
주님이 가나 혼인잔치에서 물로
빚은 성령의 술이라는 말에
화다닥 놀라 정신을 차려보니
주님의 따뜻한 품 속이더라

연애 8년 몇 개월도 짧기만 했다
- 사랑의 기도·36

내 사랑 그는 야구방망이 속에
세상 전부를 밀어 넣고
홈런을 날리며 살고 싶은 독수리였다
거친 운명을 야구방망이 끝으로 가다듬어
꿈을 찾아 나서는 그 길에 나는 동반자였다
때론 품을 수 없는 승리를 숱한 담금질을 통해
빚어내는 역전의 그 순간들
전율과 환호의 이끌거리는 불꽃의 자화상들
나는 끝없이 붓으로 찍어 그린 화가였다
승리의 늪 건너기 연속의 고달픔들
그 늪 끝에서 축포처럼 쏟아 올린 홈런의 금자탑들
우리의 연애 8년 몇 개월도 짧기만 했다
오직 하나 뿐 내 사랑 속에 부풀어 있을 때
내 어머니는 주님에게 99.9%순금의 각도로
기우러져 사셨다 그리고 주님의 손을 굳게 손잡고
내 안에 깊은 울음의 샘을 퍼 올리며
99.9% 순금의 각도로 바꿔 놓았다

산굼부리 가족 여행
- 사랑의 기도 · 37

억새꽃 물결 속 휘몰아치는 바람 속을 뚫고
오름의 정상에 올라 발 딛는 아래 쪽은
원통형 분화구의 그날이 우리 가족을 받아주었다
불운했던 넌 망자로 누운 친아버지 앞에서
외로움 속에 몸을 동그랗게 말고 들어가
이름 모를 속으로 빨려 들어가고 있었다
생모는 일찍 일본으로 떠나 그리움으로 덧나버린
까까머리 중학생이었던 넌
세상을 바라보는 눈을 뽑아버린 듯한 그 속에
나는 태양을 심어 함께 보고자 했다
어머니라는 부름을 듣고자 함이 아닌
주가 주신 온유한 마음을 아낌없이 붓고자 했다
아! 강산이 변해가는 속에서
남아일언중천금의 듬직한 사나이로 자라
해병의 횃불을 심장에서 뿜어 올리던 그날들 아련하다
제대 후 그 횃불을 너의 친구들과 너의 연인 앞에서
사랑을 무지개를 뿜어 올리는 밤에
뜨겁게 타오르면서 꺼지지 않는 하늘의 횃불로 걸렸다
억새꽃 물결 속 휘몰아치는 바람 속을 뚫고
오름의 정상에 올라 발 딛는 아래 쪽은
원통형 분화구의 그날이
너 없는 우리 가족을 더 뜨겁게 받아주는구나

우리 친정 가족 계보
- 사랑의 기도 · 38

설국의 이북 고향인 아버지
19살의 결혼은 얼음장 밑 슬픔이라 했네
물을 건넌 일본에서 불을 삼킨 또 다른 아내와
만남도 한 점 식은 재뿐이었고
해방과 함께 경찰에 몸을 담으면서
제주도로 발령 받아 그 살 떨리는 4,3 속에서
운명의 나침반은 한 여인을 흔들어 놓았네
내 나이 세 살이 되는 해 서울로 이사하면서
아버지가 첫 결혼에서 얻은 아들을 고아원에 맡아
우리 어머니를 친모로 올리는 그 파란들
어머니는 성령의 불꽃으로 그 허물들은 태워
주님의 사랑을 우리들에게 나눠주고자 했네
장녀인 나 혼자만 너무 멀리 있었네
남편의 불심에 젖어 한 세월 보내왔던 이 몸
어머니는 생의 옥합을 깨트려
주님의 발을 머리카락으로 문질러 닦으며 사셨네
오늘 내가 그 어머니의 뒤를 이어 생의 옥합을 깨트려
주님의 발을 머리카락으로 문질러 닦으며 사네

김만덕의 어진 마음씨
- 사랑의 기도 · 39

이조 비단 보자기로 고이 싸 둔
제주섬을 풀어 한 자락씩 여밀 땐
김만덕 무늬만큼 선명한 무늬가
어디 있을까 싶다 그 어진 마음씨
들꽃과 까만 돌 속까지 스며들어
이곳에 낳고 자란 이들의 핏줄
마디 마디 배여 모두를 삼촌으로
부를 땐 눈물 와랑와랑하게 하고
자리젓같이 삭혀진 그리움이 밀려오네
질박한 제주여인이었던 내 어머니
김만덕 어진 마음씨 소롯소롯 스며나
내 깊은 핏줄 속에 심어주었네
아! 소롯소롯 스며나는 김만덕
그 마음씨를 펴보니
천상의 무늬였던 주님의 본체였네

내 사모하는 주님
- 사랑의 기도 · 40

금강송을 외우던 내 입술에서
주기도문으로 바뀌는 그 순간
야곱처럼 광야에 나란 생을
이 돌멩이로 표시 해두고 싶었네
부처의 손을 떠나 못박힌 예수의
손에 들어설 때 제자마저 떠나버린
적막한 십자가 위에서
아바 아바 아버지를 불러도 대답이 없는
그 절대 고독
한없이 여리면서 뚝심이 강한 내가
그런 고독을 얼마만큼 견딜 수 있겠는가
아! 난 소리조차 낼 수 없었네
내 존재의 어둠을 벽면을 통해서
밀어내고자 했으나 한 뼘도 밀어내지 못했네
예수 그리스도는 내 존재의 어둠도 죽음도
한 순간에 밀어낸 이 앞에서 두 손을 들었네

제5부

영생의 부활을 믿노라
- 사랑의 기도 · 41

부처는 무소유로 살라 하고
예수는 무거운 십자가를 지고 살라 하고
부처는 처음도 끝도 없다 하고
예수는 처음과 끝이 하나님이라 하고
부처는 우리 생이 생노병사한다 하고
예수는 우리 생이 천하보다 더 귀하다 하고
부처는 죽음 다음에 또 다른 것으로 환생한다고 하고
예수는 죽음을 깨트려 부활로 영생한다 하고
나는 이 영생의 부활을 믿노라

행복
- 사랑의 기도 · 42

아들이 하늘로 떠나기 며칠 전
내 가슴에 쾅쾅 대못을 박았네
주님도 십자가에서 이러 하셨으리라
어머니가 절 낳은 것은 아니잖아요
네가 내 품속으로 오는 날부터
배 아파 낳은 딸보다 너에게 모든 것을 걸었다
친정 어머니 아버지로부터 물려 받은 아프고 쓰린
사람들을 그냥 지나치지 못하고 나누고 먹이고
입히는 것이 생의 전부이듯 너에게 모든 것을 쏟았다
아!정을 떼고자 이 어미 가슴에 대못을 쾅쾅 박고
떠났다는 것을 두고 두고 가슴 치며 울 그 시간을
지우고자 그러 했다는 것을
주님이 십자가 못 박힘이 우리의 구원을 위해서였듯
널 사랑함이 이 아픔 속에서 영원한 행복이구나

나무들의 기도
- 사랑의 기도 · 43

잠들 수 없는 나무들이 잠 재우려고 한다
마른 잎새들이 시름으로 흐느끼는 소리들을
눈발이 내릴 때쯤 잠잠해 질 듯 싶다
잎새들을 다 떨궈내면서
나를 닮아버린 저 앙상한 나무들
자신의 몸에서 내는 소리라는 것을 알 것이다
가지와 가지 사이로 스쳐가는 겨울 바람이
나무들의 속을 파고들어 울음의 그릇을
꺼내어 놓은 저 빈 들에서
그릇마다 차가움을 채워 갈 때
잎새를 다는 날을 아는 듯 기도에 젖어 있다
자신을 번제로 드리는 나무들의 기도처럼
나도 나를 번제로 드리며 기도로 젖어 있다

성화
- 사랑의 기도 · 44

붓으로 꿈꾸는 날들을
꺼내어 보려고 했으나 꺼낼 수 없을 때
주님이 만지고 있는 것은 우리와 전혀
다른 세상의 눈부심을 열어 놓고 있었다
붓끝이 몇 만개가 닳아져야 가 닿을까
내겐 이 안에 행복이 있어 생을 녹여 왔다
주님이 그려주는 그림들은
누구도 흉내 낼 수 없는 것들이었다
무엇으로 그리기에 영혼을 쥐어짜게 하나
붓으로 꿈꾸는 날들은 허공인 듯
내 마음을 하늘로 넓혀 봐도
무엇 하나 채울 수 없었고
주님은 손 끝으로 긋는 것마다 성화였다
그 손끝을 내 붓 끝에 놓고 가셨다
언제든지 꺼내어 쓰라고

나도 귤처럼 살고 싶다
- 사랑의 기도 · 45

귤들이 바다를 건너며
억새꽃이 피는 산자락 밭이랑 가득 채워 놓은
긴 여름 날들의 흔적을 더듬고 있다
여린 가지로 불볕을 삼키면서 돌밭 밑을 헤집어
물 모금도 빨아 올릴 수 없는 한계에서
하늘에 목을 두르고 걸어온 고행이여
바람이 몸 속을 헤집어 놓아도 다시금 복원시키는
이 질김의 눈물이 황금빛이라는 걸 알까
아득한 날에는 왕의 진상 품이었으나
지금은 낮은 이들의 눈높이의 몸으로 추락되어
거리 좌판에 누워 있어도 수랏상에 놓여지기를
원치 않았다 누군가의 시름의 아픈 가슴을
함께 해주는 몸이기를 더 바랬다
아이들의 꿈 속으로 들어서 섬의 눈부신 게들을
그렸던 이중섭 낙원의 풍경을 안겨주고 싶었다
어른들 병실 침대에서 치료의 몸으로
다가서서 웃음을 안겨주고 싶었다
늦은 귀갓길에서 한 봉지 사 들고 가는
가난한 가장의 두 어깨를 거들고 싶었다
세상 누군가에게 한 겨울을 나게 하는
희망의 보금자리이고 싶었다

아픔을 가져 가고자 하네
- 사랑의 기도 · 46

내 안에 있는 아픔을 가져 가고자 하네
꼭꼭 숨겨둬도 주님은 내 안에 무엇이 있는지
단숨에 찾아내네
성령의 빛 한줄기로 내 생의 얼룩까지
지워내 이 자리에 하늘 한 폭 펴 놓네
아들이 떠난 자리엔 눈물빛이 시려와
세상이 움푹 패여 건너지 못할 것 같다가도
주님이 손 내밀어 건너게 하네
같은 하늘 아래에서 올 때는
순서대로 태어났으나
떠날 때는 순서가 없다 하네
가슴 치는 아픔들 모두가
황금빛 구슬이라 하네
주님은 이걸 가져가려고 하네
세상은 이와 반대로 값진 것을
가져 가려고 우는 사자와 같은데
주님은 아픔이 생겨난 이 자리를
천국이라 하네
이젠 가져 갈 것이 없는 이 곳을
아! 하늘에서 가지고 내려온
은총의 향기와 빛깔을 풀어놓고 있네

천국의 연주
- 사랑의 기도 · 47

천국의 연주가 시작되는 곳이
고난의 깊이라 했나요
이 고난 있는 곳에서
내 생은 잠잠한 날이 없었습니다
아들과 이별의 굽이는 물살은
심한 격랑을 지나 천국의 더 고운 가락을
나로 하여금 듣기 위한 것이었습니까
고난의 건반을 두들기는 순간마다
내 애간장을 타게만 했습니까
주님의 가락에 취하면 취할수록
내 고통은 뜨거운 성령으로 젖어 들어
영원한 천국을 향하면서
주님이 천국의 아름다운 연주자인
것을 보았습니다
나를 여기에 이르게 한 주여!
내 운명을 당신의 천국의 연주에 맡기노니
주님 옷자락으로 내 눈물을 닦게 하소서

눈물
- 사랑의 기도 · 48

내가 찾는 결정체를 아느냐
그것이 무엇입니까
너의 시름의 결정체인 눈물이니라
세상엔 금은보화가 결정체인데
천국에선 바닥재이니라
당신을 순종하는데 부족함이
더 많은 이 여인
당신의 말씀 따라 살고자 했으나
내보일 것이 없어
당신을 이 목숨 다해 사랑합니다
이 말 밖에 붓으로
쓸 수 밖에 없었습니다
너의 고난의 깊고 깊은 골짜기가
내 기쁨의 결정체이었느니라
이 세상 무엇과 바꿀 수 없는
내 기쁨의 결정체이었느니라

나만 울게 하더라
- 사랑의 기도 · 49

낙엽들이 내는
소리 하나도 예사롭지 않더라
늦은 밤까지 울리는 소리는
내 마음 끝까지 다 적셔놓고 있더라
그리움도 낙엽과 자리를 잡고 뒹굴며
바람이 창문을 흔드는 깊은 밤
이 창문의 문틈으로 불빛들이 새어 나와
어리고 있을 때 날 소리 없이 울게 하더라
아들 네가 돌아오는 밤을 기다릴 때
먼 곳의 너의 발자국 소리까지 음악으로
들려 너의 아빠와 연애시절의 꿈에 젖어
아! 아들 너도 그 꿈에 젖어 든 걸 생각할 때
밀물처럼 밀려오는 그리움의 물그림자들
옷깃을 세워 주며 그녀를 여왕인 듯 바라보는
그 눈빛 아들 널 왕인 듯 바라보는 그 눈빛
아! 지금 여기 한라산 억새꽃 바다인데
그곳은 어느 계절인지 주님께 물어 봐도
아무 말씀이 없고 나만 울게 하더라

어머니 아버지 같은 장갑
- 사랑의 기도 · 50

다 닳아지고 헐거워진
장갑이 나란히 누워 있네요
주름으로 덮이고 검버섯이 핀 장갑이여
첩첩산중을 넘어 온 날들 뒤돌아 보면
서로를 향한 사랑의 날들이었으리라
그 험한 일들 손발이 맞지 않아 삐걱일 때도
다시금 한걸음 물러서는 눈빛으로 다가서서
해질녘까지 마무리 하는 일들이 수를 헤아렸으랴
쓰고 고단한 세월들의 등고선 끝에
줄줄이 매단 자식들 하루도 속 편안하게 넘긴
날들이 있었으랴 이젠 얼굴 보는 일마저 멀다
남겨진 몸은 누구도 거들떠 보지 않는
그늘로 남아 햇볕에 누이고 있을 때
물기 마른 낙엽들이 내는 소리들이 곱다
물기 젖어 위로 치솟던 여름 날들은
자르르 자르르 자전거 바퀴 소리였는데
이젠 하늘까지도 여미게 할 뿐 아니라
저기 철새들까지 날개를 여미고 듣고 있다
한 생이 쓰러져 누워 있어도
이것이 가장 아름다운 주님의 사명을 다하신
몸이었으리라

제 6부

초짜배기 믿음의 어부
- 사랑의 기도 · 51

항구의 아침은 겉보기와 달리 수심이 깊다
얼마만큼 잡아 올려야 세상의 벽을 넘을까
만선의 기쁨이 물살에 번지기도 전에 겹쳐오는
바닷가 사람들의 애처로움들 또 몇 만 굽이였던가
그 아픔이 깃발처럼 나부끼는 항구에서
갈매기 울음이 그렇게 발길에 밟혀왔던가
이 사람들의 서러움 그물폭 뒤엉킴을 알기나 할까
바람벽에 새겨진 포말 진 그림들 해풍만큼 짜다
간밤에 단잠을 깨어 놓고 물살로 아픔을 헹궈봐도
마음 속에 차오르던 운명의 짐을 부려지던가
낚시 바늘로 고기들의 아가미를 꿰듯
자신들의 운명의 아가미에 무엇인가 꿰어
그렇게 한 세상을 물살에 뒹굴며 살아가더라
짜디짠 것이 바닷물이 아닌 생이라는 것을 알았기에
수심이 그리도 깊어 말이 없었던가
항구의 아침이 찾아와 실안개들 두르고 서 있는
이곳은 누군가의 지성소였다 그 안에 들어서면
수심이 깊기로는 이들보다 깊으랴
이것을 먼 바다에 싣고 나가 그물폭으로 내리면
아침 해로 가슴에 박혀오는 뜨거움이 있어
세상을 물거품 아래에 두는 것을 보겠네
초짜배기 믿음의 어부인 난 물거품 아래
세상을 두는 일상을 주님에게 배웠네

사랑이 시키는 일
- 사랑의 기도 · 52

북풍한설에 얼어터질 것 같은데 소나무는
더 파랗게 빛을 발하며 눈발을 받아냈듯
한 여인의 생을 이끌고 갔던
사랑이 눈발 속으로 묻히고부터 걸어도
걷는 것이 아니었다 웃음을 지어봐도
눈물로 맺혀 오는 까닭은 여인의 길이었다
만나고 헤어짐이 운명 속을 통과했다 해도
여인의 가슴을 찢어내는 것은 사랑이 시키는 일이었다
세월이 여인의 눈 주름을 더해 가면서도
쉬이 그 가혹함을 풀지 않았다
낙엽이 진 뒤 더해지는 한 바탕 휘몰아치는
남모를 가슴 속은 아픔만 더 했다 사는 일이
어디 채워진 일이 있었던가
채워지지 않았던 그 가슴을 채워주었던
이가 있었다 주님이었다 울면서 가는 길이
믿음의 아름다운 꽃빛이었다

축복의 깃발
- 사랑의 기도 · 53

주님은 하늘에 무슨 집을 지어 놓았길래
매일 핏방울이 묻어나게 살아도
꿈 하나 열기에 숨이 벅찼으니 주님과 거리를
좁히고자 해도 좁혀지지 않는 세상이 아니던가
생의 한 가운데 내던져진 운명의 화살은
과녁을 맞히는 것보다 빗나간 것이 더 많았다
땅 속에 나를 던지면 관통할 것 같은데
관통커녕 꿈은 먼 하늘이 별들이었다
허공에 날리던 꿈의 화살들은 얼마이던가
몸과 마음이 따로 놀고 있는 나를
여기 멈춰 서게 해 모든 것을 내려 놓게 했다
주님은 하늘에 지어 놓은 그 집을 내 안에
옮겨 와 살라 한다 아!방마다
이 세상에 없는 것이 가득 차 있다
모두 내 것이라 한다
빗나간 꿈의 화살들 하나 하나마다 주님이
축복의 깃발을 다 달아놓으셨다

말씀 속으로 뛰어 들어
- 사랑의 기도 · 54

올망졸망한 것을 山이 껴안고 있다
무엇 하나 놓아버리면 울 것 같은
몸짓으로 제 품에 껴안고 있다
낮이나 밤이나 불꽃같은 눈을 떼지 않는
저 거룩한 몸짓들이 성스럽다
가을이 찾아 들면 저렇게
단풍들이 온 산을 빙 둘러서
손이 닿지 않는 벼랑 끝에 나서서
펼쳐 놓은 것에 눈길을 걷어드릴 수 없다
세상 모든 것을 물들여 놓은 단풍은
산의 기울어진 어깨를 부여 안고 금이 간
자국을 문질러 닦아내고 있다
어느 날 아문 날이 있었으랴
멍울진 가슴에 새겨진 상처들을
주님의 말씀으로 풀어내고 있다
이 가을이 다 가기 전에
주님의 말씀 속으로 뛰어 들어
내 영혼을 온전히 물들여 놓으리라

감사하기 위해서이다
- 사랑의 기도 · 55

누구나 구석진 곳을 가지고 살기 마련이다
보여주기 싫어 어느 한 쪽으로 뒤돌아 서면
숨겨놓고 싶은 사람들은 얼마이며
입 다물고 싶은 그 많은 세월들
밀어내고자 태양을 업어다 놓아도
사라질 기미를 보이지 않는다
그만큼 그림자도 깊다는 말일 것이다
모두가 세월의 더께를 더해 갈수록
더 깊이를 어이 헤아릴 수 있으랴
수많은 사연을 그 속으로 녹여서
오늘도 누군가는 거기에서 나오고자 하고
또 누군가 그 곳으로 들어서려고 한다
난 거기에서 나와 주님에게 향하고
또 그곳을 향하는 것은 감사하기 위해서이다

골목길
- 사랑의 기도 · 56

내 안에 있는
골목길은 몇 만개가 있는 걸까
이 비좁은 골목길을 벗어나고자 했으나
언제나 반듯하게 뚫린 것이 없고
구불구불 휘어지고 꺾어지고 우두커니
서 있는 나무는 내 그림자를 삼켜 주었다
난 희망을 실껏 주물러 보았으나
어떻게 보듬어 안아야 좋을지 몰랐다
모진 아픔까지도 밀어내봐도 그 자리였다
삶은 굽이 굽이 돌고 돌아도 골목길이듯
내 마음은 이보다 비좁은 골목길을 헤매고 있는
것을 보았다 이 좁은 믿음의 골목길에서 사는
사람들의 마음 속에 하늘이 깔아 놓아 바닥엔
빛 한 한줄기 스며났다
빛 한 줄기 갖고부터 내 안에 있는
몇 만개를 가진 이 골목길을 주님이
발바닥이 다 닳아지고 홀로 걷고 계셨다는 것을
보았을 때 나는 무릎이 다 닳아지게
이 길을 걷고 싶었다

너의 출생 비밀
- 사랑의 기도 • 57

너의 출생 비밀이 가을과 한 몸이 아니냐
너를 만나면 가을 안부를 묻고자 함이었다
너에게 전해 줄 것이 너무나 많고 많지
퍼드득 물살을 가르며 온 것을 멀리에서 맡는다
가을 하늘이 진동하는 이 냄새
어디에서나 맡을 수 있어
심장 속 깊은 곳까지 저릿거린다
감귤 익어가는 돌담 아! 삼촌들이
살아온 내력이며 지금 살고 있는 퐁낭 그늘 아래
이야기 꽃을 피워냈던 시절이 있었지
너와 뛰어 놀았던 친구들 달빛과 함께 출렁거렸지
내 품으로 와서 그 은빛 물살은 더 높아만 갔지
집집마다 처마 끝을 휘돌아 나가는 귤향기
섬 전체를 물들여 놓았지
하늘 그 높은 곳까지 찾아가서 가을 너를
얼굴 한번 보고 돌아오는 것이 숙제로 남아 있지
바다보다 깊은 너의 출생 비밀이 아련하기만 하지

* 퐁나무 : 팽나무

야구인생
- 사랑의 기도 · 58

땀방울이 젖은 가죽부대를 끌고
낙타처럼 걸어 왔는데
이 송글송글 솟는 땀방울을
백합꽃으로 피워 주고 있는
그 분을 보았다
부처가 내 몸 안에 들어 앉은 지가
반평생인데 이 낯선 분은 누구인가
운동장을 누비며 온 야구인생인 나에게
장인 장모 두 어른을 통해
접하기는 했으나 모든 것이 부처로만 보였다
그리고 연꽃으로 피워줘 그 향기를 맡았다
팔자에도 없는 아들이 내 등을 이태리 타월로
밀어주었을 때 천하가 부럽지 않았고
매순간이 홈런을 날리는 날들이었다
그런 아들을 가슴에 묻고 난 뒤
그 자리에서 백합 한 송이를 피워 준
분이 장인 장모 두 어른 모시고 사는
그분이라는 것을 알았다 이 분은 나의 생을
지금 홈런으로 날리는 짱이시다

믿음의 울보 혁명가
- 사랑의 기도 · 59

주님 앞에 나서는 일이 떨리기만 한데
주님을 잘 섬기는 여인이라 한다
아니라고 손짓해도
이미 붙여진 이름을 떼어 낼 수 없다
벙어리 냉가슴 앓으며 살아 왔으나
이젠 주님을 향해가는 누구도 모를
아! 나는 믿음의 울보 혁명가!
무기를 들지 않아도 나에 대해 더 엄격하고
더 철저하게 다뤄 주님의 뜻 이르고자 밀고 가는
아! 나는 누구도 모를 믿음의 울보 혁명가!
소리 높여 외치지 않아도 내 속 깊은 곳은
뜨거움으로 넘치고 있다
밖으로 드러내어 깃발을 높이지 않아도
나는 소리 없는 믿음의 울보 혁명가!
누군가를 선봉하거나 리더하고자 한 것이 아니다
주님을 위해서 가난한 이웃들에게 나설 뿐이다
세상이 내가 가는 길을 붙잡아 매어도 굴하지 않는다
주님이 주신 믿음으로 길을 만들어 가기 때문이다

깊은 뜻을 암송해 본다
- 사랑의 기도 · 60

허공 한 쪽을 찢어 폭우를 쏟아내고
다른 한 쪽의 구멍을 막아
쩍쩍 땅을 금 가게 하는 것은 여름 심술!
주님의 숨겨 놓은 뜻 뒤 쪽으로 다가선다
붉은 장미 속에 가시 숨겨 두었듯
허공의 양 쪽을 모두 찢어낼 때 다가 올 태풍!
주님은 균형의 추 하나를 매달려 놓은
깊은 뜻을 암송해 본다
가슴 속에 그림처럼 번져오는 중심이 있어
흔들리는 날에도 묵묵히 나설 수 있었던 것도
내부를 스스로 아물게 하고 다독이게 하는
이 믿음의 추를 주셨기 때문이다
나무들은 자신의 파란 잎새들을 펼쳐
그늘을 만들어 사람들을 쉬게 하듯
쉼을 주는 믿음의 추로 살리라

제7부

주님의 긴 목
- 사랑의 기도 · 61

기린의 목을 하고
세상 밖까지 보고자 한다
뽑을 수 있는 데까지
이제까지 볼 수 없었던 곳까지
주님이 그 끝에 있어
다 보게 해준다 내가 길게 뽑은 것은
명예와 이름을 문질러 닦고자 함이었다
기린 목보다 더 긴 주님의 목
목자 잃은 어린 양떼를 찾고자
저리도 뽑고 있어
나도 그 곁에서 거들고자
길게 뽑고 또 뽑았다

주님의 뜻이 내 뜻이라면
- 사랑의 기도 · 62

치자꽃 향기 나는 주님의
품 속에 들어 뒹구리라
세상 일들 모두 접어 두고
치자꽃 향기 나는 주님의
품 속에 들어 뒹구리라
아는 이 없으면 어떠하리
주님의 뜻이 내 뜻이라면
이 목숨 다 주고 싶어라
치자꽃 향기 나는 주님의
품 속에 들어 뒹구리라
세상 일들 모두 접어 두고
치자꽃 향기 나는 주님의
품 속에 들어 뒹구리라

내 아픔인 듯
- 사랑의 기도 · 63

원하는 것을 손에 움켜잡기까지
가슴을 멍울지게 얼마를 쳐야 하나
제 안에 있는 아픔을 기대어 사는
슬픈 종족!
마음 깊은 곳에 켠켠이 쌓아 놓고
그것이 생을 지탱케 하는 지주대가 되는 듯
바람은 휘젓고 또 휘어도 다시 일으켜
무엇을 저리 주렁주렁 달고 사나
원하는 것을 움켜잡고 사는 날은 몇 날이던가
주님 앞에 다가서면 아픈 내 가슴보다
누군가의 아픔이 더 크게 다가온다
그 아픔이 내 아픔인 듯 가슴에
안고 있을 때 주님은 내가 원하는 것보다
더 큰 것을 손에 움켜주고 말하지 말라 한다

이 사랑 너무 크셔라
- 사랑의 기도 · 64

이 다음에 올 세상 저 곳에
하늘이 무엇을 묻어 놓았나
세상 사람들은 욕망의 거울을 통해
큰 영역의 표시하고자 모든 걸 건다
영구히 굵은 선 지키고자 몸부림친다
폭설도 한겨울 지나면 자리를 비워
봄에게 내밀듯 모든 것을 얼게 했고
덩어리로 굳어지게 했던 그 끝에서
물방울로 녹아 낮은 곳으로 흘러 간다
아픔도 그 분의 품 속에 녹지 않는
것이 있으랴 죽음까지
녹여버린 그 분의 품 속으로 들어서
믿음의 아름다운 연애가 시작된다
남편과 8년도 아쉽기만 했던 연애를
또 다시 영원히 나눌 수 있게
이렇게 큰 영역의 표시를 해주시니
아! 이 사랑 너무 크셔라
세상 무엇으로도 비교 할 수 없는
아! 이 사랑 너무 크셔라

어미와 무엇이 다를까
- 사랑의 기도 · 65

산모의 몸처럼 죽을 힘을 다해 쏟아낸다
저 봄꽃나무들
탈진할 것 같은데 탈진을 기쁨으로 껴안고
저기 서 있다
어미와 무엇이 다를까
누가 품 안의 자식이라 했던가
세상 밖으로 나오자 마자 어미 품을 떠나는 꽃들
붙잡을 수 없음에 나무들은
아픔을 열매에 남겨두었나 보다
모진 폭풍과 가뭄에도 굴하는 일이 없이
그리워 하면서 거기 제 아픔을 단맛으로
밀어 넣고 서 있었나 보다
이 세상 어미가 그러했듯
주름이 든 뒤에도 기다림으로 채워진 생
열매라는 것이 쓰린 상처였나 보다

나의 하늘
- 사랑의 기도 · 66

흑산 바다의 깊이를 아는 사람이
고기 눈빛으로 이 쪽 세상을 도마 위에
올려 놓고 내장을 꺼냈다
물고기들이 그 상한 것을 돌려주고자 물 위로
올라와 스스로 낚시 그물에 걸려든 걸까
정약전을 보았노라
인의예지를 근본으로 삼았으나 안으로 곪아 터져
상한 것을 누가 알았으랴 벼슬의 비늘 속으로
감추고 살았을 뿐 하늘 아래 상하를 두고
가르는 것은 사람에게 있을 뿐
모든 것은 자기 서 있는 자리에서 하늘빛 머금어
무지개를 걸어두었거늘 이조는 그 무지개도
뒤바꿔 놓아 하늘의 일을 스스로 자행했다
정약전은 걸려든 물고기가 내민 내장을 풀어 쓰니
그것이 하늘이었다
믿음의 바다로 열어 놓은 그곳으로 눈길
돌리니 나의 하늘은 참으로 고운 쪽빛이다

소정체 素亭體
- 사랑의 기도 · 67

가파도 보리밭 이랑 속으로
지친 마음을 데리고 가 걷게 했다
추사 김정희 큰 스승님을 모시고
이 곁에 서 있기만 해도 획이 달라졌다
이 미천한 자가 부르는 소리를 듣고
추사 김정희 큰 스승님이 달려와
모든 말을 들어주셨다
아들의 트라우마로 바윗돌인
이 몸을 어쩌면 좋을까 묻자
추사 큰 스승님은 나보다 큰 이가 예수라며
난 추사체를 완성했으나 그 분은 죽음을
깨트려 부활체를 완성한 분이라며
큰 소리로 부르라 해서 불렀더니
바람을 내 손에 쥐어 주고 온 바다에
쓰고 싶은 것을 다 쓰라 한다
이것을 아름다운 믿음의 소정체라
이름까지 지워주시니 고개를 들 수 없어라
제주 바다를 두 딸의 손을 잡고
바라보고 서 있으면
저 하얀 파도가 소정체로 굽이쳐 온다

하늘의 절반이 봄비인데
- 사랑의 기도 · 68

하늘로부터 미리 봄비를 가져와
안으로 저장하고 있는 나무들
물관부로 온 땅을 적시고 있는
뿌리 깊고 깊은 그 곳
모든 생명까지 책임지고 있네
꽃들이 피어나는 자리마다
하늘의 절반이 내려와 있네
이 절반을 가지고 살아도
사람들은 아픔의 반을 줄이고 산다는데
그렇지 못함은 무엇 때문인가
하늘의 절반이 봄비인데
영혼 속으로 들어와 속삭여도
귀 밖으로 흘러 보내면서
감사란 걸 모두 빼놓고 살아가네
하늘의 절반인 이 봄비로 살고자
난 눈물의 절반을 보태며 살테야요

기도의 가속도
- 사랑의 기도 · 69

세차게 내린 빗방울들이 알고 있었으리라
험한 바위 틈과 깊은 계곡으로 이뤄진
산에 묻힌 괴목들의 연륜들을
뒤엉키고 뒤틀리고 응어리로 굳어진 몸들
어머니 아버지 판박이다
괴목 속에 촘촘하게 채워 놓은 주님의
말씀들이 나이테였고 주님의 형상이었구나
빗방울들이 세월의 촉수를 높여가면서
나이테를 열어주고 형상을 펼쳐주니
더딘 내 기도의 속도를 붙여 준다
아! 어머니 아버지 괴목과 같은
그 기도의 가속도가 붙는다면
더 이상 더 바랄 것이 없으리라

널 사랑한다는 주님의 고백
- 사랑의 기도 · 70

널 사랑한다는 주님의
이 한 마디 이토록 눈물에 젖어
부활의 새벽빛으로 타오른다 했습니까
이별이 등을 떠밀 때 밀려가라 하면서
만남이 영원이라 노래하게 했습니까
이 울먹거림이 생의 전부를 찢는데
울음의 주머니를 열어 놓고 살라 했습니까
아! 세상에서 못다 준 마음이
사랑이라 했습니까 아픔 뒤에 있는
그 세계는 안개 속인데 웃으라고만 했습니까
널 사랑한다는 주님의
이 한 마디 이토록 눈물에 불이 붙어
타오른 영혼 속을 천국이라 했습니까

후기

황금빛 귤향기가 바람에 날리는 밭길을 걸어왔는데도 그 귤향기가 바람을 밀고 가는 뒷모습이 너무 아름다웠다.
우리의 뒷모습은 어떤 모습일까 되묻고 싶다.
그리고 왜 세상 밖으로 나가면 할 말이 많은지 모르겠다.
하지만 주님 앞으로 나서면 할 말이 점점 줄어들어 두 단어로 압축된다.
죄인이라는 이 말 외에는 더는 할 말이 없어진다.
세상은 말의 홍수였다면 주님 앞에서는 감사라는 이 말 밖에 없다.
이번 "사랑의 기도" 시집은 각별한 의미가 담겨 있다.
서예가인 소정 김선영 선생님의 삶의 스토리다.
가슴으로 낳은 아들을 키웠는데 그 아들이 해병대를 제대하고 난 뒤 운명을 달리한 그 시간들을 십자가라는 거룩한 이름을 발견하는데 있다.
이전부터 친정 어머니는 장녀였던 소정 김선영 선생님을 위해 무릎이 닳아진 기도로 일생을 살아오신 분이었다.
연이어 친정 어머니가 소천하고 아들까지 얼마 후 교통 사고로 떠난 이후 절대절명의 선택의 귀로에 서 있었다고 한다.
야구 감독인 남편이 섬겼던 부처의 품 속에서 오랜 세월을 살아왔던 이 길에서 십자가로의 길을 접어드는 것은 친정 어머니와 아들이 결정적인 역할을 했다고 했다.
두 딸의 엄마였던 소정 김선영선생님은 아들이 절대적으로 필요했다기보다 아들의 작은 아버지 되신 그 분께서 김선생님의 온유한 마음의 소유자이니 거들어 달라는 간곡함에 허락한 후 강산이 변한 세월을 같이 해왔다고 했다.
그런 아들이 떠나기 전 어머니가 절 낳은 것은 아니잖아요!
단 한 번도 반항해 본 적이 없던 아이가 큰 소리를 지르면서 대드는 그 순간 십자가의 매달린 예수님이 이러하셨구나 하고 접했다고 한다.
예수님의 그 마음이 어떤 마음인 줄을 그때 깨달으면서 그 십자가 의미를 가슴으로 받아드렸다고 했다.

그 뒤 앉아만 있어도 눈물! 서 있어도 눈물! 엎드려 있어도 눈물! 붓 글씨를 써도 눈물! 온통 눈물 뿐인 시간 속에서 울보라는 별명을 얻을 만큼 십자가 앞에 돌아와 이렇게 많은 눈물을 쏟아 본 적이 없다고 했다.

인간의 몸 속에 얼마나 많은 눈물을 저장해 놓았는지 이렇게 쏟아내도 다시금 솟구쳐 오른 것을 느끼면서 자신의 영혼과 마주치는 일 없는 소정 김선영 선생님은 이 때 생의 전환점이 바뀌졌다고 했다.

아들이 자신의 가슴에 대못질을 했던 것은 떠난 이후 정을 떼내고자 했던 이 애통함에 가슴이 이미 모두 타버린 상태라고 했다.

이제까지 모르고 살아왔던 영의 또 다른 세계와 접하면서 한 인간이 바뀌져 가는 순간들을 기도 시로 탄생케 한 것이다.

나 또한 최근 고난의 깊은 골짜기에 들어 이제까지 기도 시를 쓴 일은 전무후무하다.

그만큼 주님과 매일 접하고 살면서도 나의 고백적인 것은 사실상 없었다.

이번 작품을 준비하면서 여러 가지로 시사하는 바가 크다.

소정 김선영 선생님의 아픔의 바탕 위에서 맞이하는 시간은 고난 자체가 기쁨이라는 이 고백은 전광석과 같은 믿음의 깨우침이요 생을 탈관한 의미는 무엇으로도 설명되지 않는다.

우리 시름의 결정체는 눈물이라고 이번 시집에서 명명했지만 주님이 바라는 것도 바로 눈물이라는 것을 발견했다.

세상에서 눈물 자체가 약함의 상징으로 비쳐지지만 이 믿음 안에서 또 다른 것으로 숭고한 힘을 지니고 있다.

이것은 영적 세계의 확장이자 이 세계로의 진입 할 수 없을 뿐더러 하나님과의 단독자로 마주 할 수 없다.

이것은 자기 존재의 완전히 깨트림은 눈물이라는 그릇 없이 불가능하기 때문이다. 세상에는 철학과 학문에 뛰어난 사람들이 얼마나 많은가.

그들의 고매한 힘으로 하나님과 단독자로 만남을 가장 먼저 접할 것 같은데 그렇지 못하다는 점이다.

그것은 하나님을 학문으로 철학으로 풀어내는 과학적인 힘을 바탕으로 정의하고자 하지만 결론을 내리지 못한데 있다.

부활 자체를 과학으로 규정 할 수 없는 것이자 예수 탄생은 언제나 부정으로 일관 한다.
이 영적 세계의 진입은 바로 눈물이라는 자기 존재의 깨어짐이 없는 상태에서 초월 할 수 없기 때문이다.
자기 존재 내부에서 쏟아지는 눈물이 많다는 것은 자기 존재의 안과 밖의 껍질을 깨고 나왔기 때문이다.
이것을 깨지 못한 상태에서 끝없는 이론과 논쟁이 이어지게 마련이다.
이 눈물이라는 고백을 통해서 온전한 존재의 해답을 얻고 새로운 존재로 거듭난다.
왜 그런 존재로 거듭났으면서 삶이 달라지지 않는가의 물음을 받게 된다.
인간의 부족한 내적인 그 자리에 십자가를 세워 둔 것은 큰 숙제가 아닐 수 없다.
자기라는 존재의 십자가에서 물과 피를 온전히 쏟는 자와 그렇지 못한 자의 차이다.
전자는 순교자였고 후자가 전부를 차지하고 있기 때문이다.
자기라는 존재의 십자가를 온전히 진 자만이 세상을 변화시켰고 소금과 빛의 역할을 하고 그렇지 못한 자들은 그 소금과 빛을 가리며 자기라는 영광을 위해서 달리고 있기 때문이다.
자기 존재의 죽음 없이는 주님이 가는 그 길을 끝까지 가지 못한다.
동행하고 있는 것처럼 보일 뿐 자기 영광과 자기 능력을 과시하면서 세상에 우뚝 서자고 하기에 분쟁만 난무할 뿐이다.
낮은 거기에 이 천국을 묻어 두었기에 그것을 찾아나서는 자가 진정한 영적인 세계를 소유하고 사는 것이다.
눈에 보이는 세계와 보이지 않는 세계의 결합은 참으로 어려운 것이다.
보이지 않는 세계를 내적으로 체험하는 사람과 그러지 못한 관계에서 항상 마찰이 생긴다.
이성이란 판단으로 그것을 실증해 보이는 것은 더더욱 쉽지 않다.
그 세계를 체험한 사람들은 행동이라는 외적인 것을 보여줘야 하는데 이 또한 쉽지가 않다.

예수의 향기는 믿는 사람들의 행동 속에서 소금과 빛의 형상을 통해서 실증되고 완성된다.
인간의 한계는 소금과 빛의 역할을 한다는 자체가 희생과 헌신이 뒤따라야 한다. 거기에 이르기까지의 고난이란 골고다의 길을 걷는 사람들이 비로소 예수의 몸과 마음으로 살아가는 사람이 많다는 점이다.
눈에는 보이지 않아도 누군가를 위해 숨어 기도하는 사람들은 수를 헤아릴 수 없다.
눈에 드러나는 것으로 판단의 기준을 정할 때 이 영적인 것은 어떤 것으로 쉽게 정의를 내릴 수 없는 화두 중에 하나이다.
이 속에 들어 설 때 자기라는 굴레인 존재를 벗고 새로운 피조물로 거듭나면서 진정 행복으로 접어든다.
이제까지는 근심과 염려로 생을 이끌려 왔다면 이후의 생은 맡김이자 내려 놓음을 통해서 진정한 행복의 참맛을 본다.
물질적인 그 자체가 축복 이전에 영혼이 잘됨이 무엇인가를 아는 자만이 부유함에도 처할 줄 알고 가난함에 처할 줄 아는 일체의 비결을 아노라 고백한 바울 사도의 외침을 들을 귀가 열려 있는 것이다.
귀와 눈과 입이 열리지 않을 때는 세상 척도인 축복이란 거기에 모든 것을 맞추고 살아간다.
내 영혼이 어떤 빛깔일까 이제까지 생각하지 않았는데 귤향기가 물들여 놓고 있는 것이 아닌가.

2013년 11월 14일 에벤에셀 서재에서

이청리 시집

2013년 12월 2일 초판인쇄

지 은 이 이청리
펴 낸 이 고양금
펴 낸 곳 도서출판 이룸신서
등록번호 616-92-52521
주   소 제주특별자치도 제주시 연동 2313-4
전   화 010-5551-6257
팩   스 (064)742-4027
이 메 일 hansrmoney@hanmail.net